Michael Dreyer, Andreas Braune

Die Weimarer Republik

Titelbild: Das Nationaltheater in Weimar. Hier wurde 1919 die Weimarer Verfassung beraten. (Foto Diego Crescentino, 2017) Umschlagrückseite: Preußischer Landtag, was hier beschlossen wurde, betraf fast drei Viertel der Bevölkerung. Preußen war mit Abstand das größte Land in der Weimarer Republik und zugleich ein Bollwerk der Demokratie.
(Foto: Wikipedia, Arnold Paul)

Michael Dreyer, Dr. phil. habil., ist Professor für politische Theorie und Ideengeschichte am Institut für Politikwissenschaft der Friedrich-Schiller-Universität Jena, Co-Leiter der Forschungsstelle und Vorsitzender des Vereins Weimarer Republik.

Andreas Braune, Dr. phil., ist Politikwissenschaftler und Co-Leiter der Forschungsstelle Weimarer Republik an der Friedrich-Schiller-Universität Jena.

Landeszentrale für politische Bildung Thüringen
Regierungsstraße 73, 99084 Erfurt
www.lzt-thueringen.de
2019

ISBN: 978-3-946939-48-1

Inhaltsverzeichnis

Mädchen u. Frauen heraus aus der Finsternis!

Entscheidet Euch für die National Versammlung Für Freiheit des Einzelnen und Ordnung der Gesamtheit in einer freien sozialistischen Republik.

Bundesarchiv, Plak 002-002-002, Ludwig Kainer

Die erste deutsche Demokratie. Entstehung und Verfassungsordnung

Revolution und Wahlen

Als am 11. August 1919 die Weimarer Reichsverfassung (WRV) durch die Unterschrift Friedrich Eberts (SPD) im Thüringischen Schwarzburg in Kraft trat, kam ein Prozess zum Abschluss, der neun Monate zuvor begonnen hatte, und dessen Ausgang am 9. November 1918 kaum abzusehen war. An diesem Tag endete mit der Abdankung Kaiser Wilhelms II. die Monarchie in Deutschland. Was genau auf die Monarchie folgen sollte, war aber alles andere als gewiss. Von einem liberal-demokratischen Verfassungsstaat über eine sozialistische Räterepublik bis hin zu kommunistischen Modellen im Anschluss an die gerade ein Jahr zurückliegend Revolution in Russland schien alles möglich zu sein.

Als am 6. Februar 1919 in Weimar die Nationalversammlung zusammentrat, waren bereits eine Reihe von Vorentscheidungen getroffen, die auch im weiteren Verfassunggebungsprozess nicht mehr rückgängig gemacht wurden. Zunächst einmal bedeutete die Nationalversammlung selbst eine Entscheidung für den liberal-demokratischen Verfassungsstaat mit einer repräsentativen Demokratie und gegen ein Rätemodell, das die meisten Vertreter der USPD bevorzugten. Zum zweiten war die Nationalversammlung nach einem modernen Verhältniswahlrecht gewählt worden (erstmals mit Wahlbeteiligung von Frauen und Soldaten sowie Männern ab 20 Jahren, statt wie im Kaiserreich 25 Jahre), von dem kein Weg mehr zurückführte zum Mehrheitswahlrecht des Kaiserreiches. Und zum dritten gab es neben der Reichsregierung auch 25 Länderregierungen, denn die Revolution war nicht zentral gewesen, sondern folgte der föderativen Struktur des Kaiserreiches.

Verfassunggebung

Grundlage der Verfassunggebung war der Entwurf, den Hugo Preuß erarbeitet hatte. Preuß war einer der wenigen Demokraten unter den führenden Staatsrechtlern des Kaiserreiches gewesen und zugleich linksliberaler Stadtverordneter und Stadtrat in Berlin – eine Position, in der er seit 1895 viel mit den Sozialdemokraten zusammengearbeitet hatte. Das war einer der Gründe, die Friedrich Ebert wenige Tage nach der Revolution bewogen hatten, den bürgerlichen Fachmann an die Spitze des Innenministeriums zu berufen. Ebert selbst wiederum wurde am 11. Februar zum provisorischen Reichspräsidenten berufen und ernannte Philipp Scheidemann (SPD) zum „Reichsministerpräsidenten", womit der revolutionäre „Rat der Volksbeauftragten" endgültig durch eine parlamentarisch legitimierte Regierung abgelöst wurde.

Diese Regierung wurde von der SPD, dem katholischen Zentrum und der neu gegründeten linksliberalen Deutschen Demokratischen Partei (DDP) gestützt – eine Koalition von drei Parteien, die in leicht veränderter Form auch schon den letzten Reichstag des Kaiserreiches nach der Wahl von 1912 dominiert hatte. (siehe Abbildung 1)

Der „Weimarer Koalition" standen von links die USPD und von rechts die DVP und die konservative DNVP als erklärte Gegner der Republik gegenüber – allerdings als Gegner, die zusammen nicht einmal 25 Prozent der Wählerstimmen bekommen hatten. 423 Abgeordnete versammelten sich in Weimar, darunter 37 Frauen aus allen Fraktionen.

Die Grundgedanken des Entwurfs von Preuß liefen auf eine parlamentarische Demokratie mit starker Stellung des Reichstags hinaus, der auf Vorschlag des Reichspräsidenten den Reichskanzler wählte. Die Länder waren über den Reichsrat vertreten, und das Volk hatte bei der Wahl (und ev. Abwahl) des Präsidenten sowie bei Referenden ebenfalls eine direkte

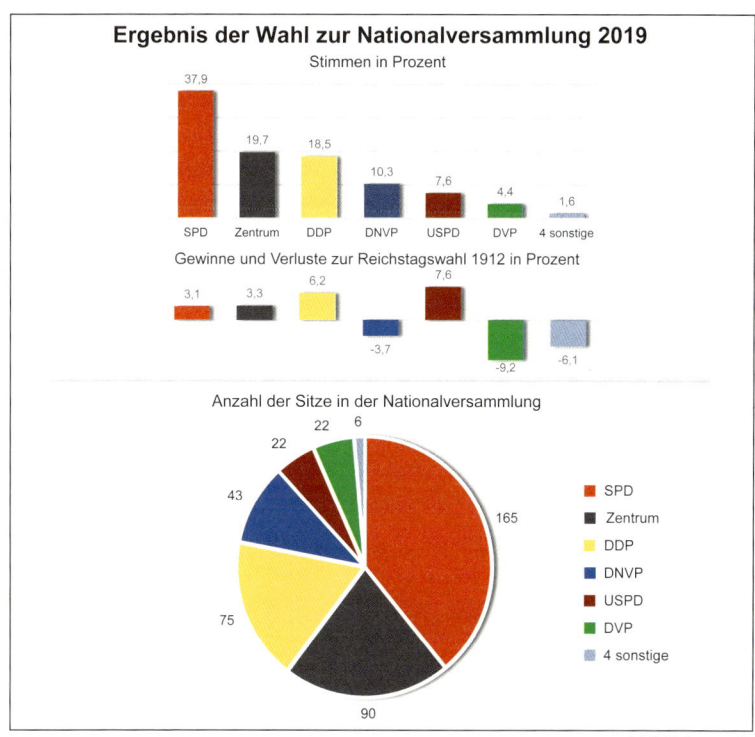

Ergebnis der Wahl zur Nationalversammlung 2019

Stimmen in Prozent

- SPD: 37,9
- Zentrum: 19,7
- DDP: 18,5
- DNVP: 10,3
- USPD: 7,6
- DVP: 4,4
- 4 sonstige: 1,6

Gewinne und Verluste zur Reichstagswahl 1912 in Prozent

- 3,1
- 3,3
- 6,2
- -3,7
- 7,6
- -9,2
- -6,1

Anzahl der Sitze in der Nationalversammlung

- SPD: 165
- Zentrum: 90
- DDP: 75
- DNVP: 43
- USPD: 22
- DVP: 22
- 4 sonstige: 6

Abbildung 1

Stellung im Verfassungsgefüge. In den Beratungen im Verfassungsausschuss, in dem überwiegend erfahrene Abgeordnete saßen, die bereits vor 1918 aktive Politiker waren, wurde dieses Konzept im Wesentlichen übernommen. Allerdings war die Verfassung nur eines der Themen, die die Nationalversammlung beschäftigten.

Versailles

Die erste deutsche Demokratie war aus einem verlorenen Weltkrieg hervorgegangen – so wie 30 Jahre später auch die zweite Demokratie. Aber anders als der Parlamentarische Rat 1948/49, der sich nur auf die Gestaltung des Grundgesetzes konzentrieren konnte, musste in Weimar auch noch eine Regierung geführt und ein Frieden geschlossen werden. Die Friedensbedingungen wurden im Mai bekanntgegeben, und bis zur Unterzeichnung des Vertrages Ende Juni beherrschte dieses Thema die Politik in Deutschland. Die Bedingungen waren hart für die junge Republik; neben dem Verlust erheblicher Gebietsteile und aller Kolonien musste das demokratische Deutschland für den vom Kaiserreich begonnenen und verlorenen Krieg Reparationen in unbestimmter Höhe zustimmen. Es half auch nicht, dass der DDP-nahe Außenminister Graf Brockdorff-Rantzau den Siegermächten selbstbewusst und kämpferisch gegenübertrat, gegen die ausdrückliche Anweisung der Reichsregierung. Bei aller Empörung vergaß man in Deutschland, dass man selbst gerade ein Jahr zuvor, im März 1918, dem geschlagenen Russland einen Frieden aufgezwungen hatte, der noch härter war als Versailles. Zudem übertrug sich die politische Empörung kaum auf die breite Bevölkerung, die nach über vier harten Kriegsjahren froh war, den Frieden wiederzuhaben. Geheime Berichte der Reichsregierung sind voller Enttäuschung darüber, dass Protestkundgebungen gegen den Friedensvertrag schlecht besucht waren. Die Alliierten hatten die Wiederaufnahme des Krieges angedroht, sollte Deutschland dem Friedensvertrag nicht zustimmen. Das war für Deutschland zwar theoretisch denkbar, praktisch aber chancenlos und auch innenpolitisch nicht durchsetzbar.

Über Versailles zerbrach allerdings die Weimarer Koalition, denn die DDP sprach sich mehrheitlich, ebenso wie die Parteien der Rechten, gegen den Vertrag aus. USPD, SPD und Zentrum nahmen die Verantwortung auf sich und die Nationalversammlung votierte am 22. Juni mit 237 zu 138 Stimmen für die Annahme des Vertrages.

Erst danach konnten die letzten Kompromisse zur Verfassung geschlossen werden, und mit 262 zu 75 Stimmen bei einer Enthaltung hatten die Parteien der Weimarer Koalition mit ihrer Abstimmung am 31. Juli die erste deutsche Demokratie begründet. Am 11. August unterzeichnete Reichspräsident Ebert die Verfassung in seinem thüringischen Urlaubsort Schwarzburg und setzte sie damit in Kraft.

Die Verfassungsordnung

Organstatut

Jede moderne Verfassung besteht aus einem Organstatut, das die Institutionen des Staates beschreibt, und einem Grundrechtskatalog, der die Rechte (und manchmal auch Pflichten) der Bürger festlegt. So auch die Weimarer Verfassung. Die Artikel 1–108 regeln die Institutionen, die Artikel 109–165 die Grundrechte, und die verbleibenden Artikel 166–181 enthalten Übergangs- und Schlussbestimmungen. Insgesamt ist die Gliederung klar und einfach.

Und die politische Grundordnung war in vielerlei Hinsicht innovativ und originell. Preuß und die Verfassungsväter und -mütter hatten ein negatives Bild vor Augen, das sie auf keinen Fall wiederholen wollten: die Verfassungen des Kaiserreiches und Preußens. Diese hatten das Volk und die Vertretung des Volkes, den Reichstag, weitgehend an den Rand gedrängt. Zwar brauchte der Reichskanzler für seine Politik und vor allem für das Budget Mehrheiten im Reichstag, aber er war politisch nur dem Kaiser verantwortlich und nicht dem Reichstag. Das änderte sich jetzt grundlegend, und der Reichstag wurde in seinen Rechten deutlich gestärkt. Vor allem waren jetzt Reichskanzler und jeder Reichsminister vom Vertrauen des Parlamentes abhängig – eine Macht, die der Reichstag entgegen späteren Legenden aber nur sehr sparsam genutzt hat. Von allen Regierungen der Weimarer Republik sind gerade zwei durch Misstrauensvoten gestürzt worden.

Interessant gestaltet war der Reichsrat, die Vertretung der Länder. Im Prinzip folgte die Stimmenzahl im Reichsrat der Bevölkerungsstärke, aber: „Kein Land darf durch mehr als zwei Fünftel aller Stimmen vertreten sein" (Art. 61). „Kein Land" hieß in der Praxis: Preußen. Hugo Preuß' Plan hatte ursprüng-

Die Verfassung der Weimarer Republik

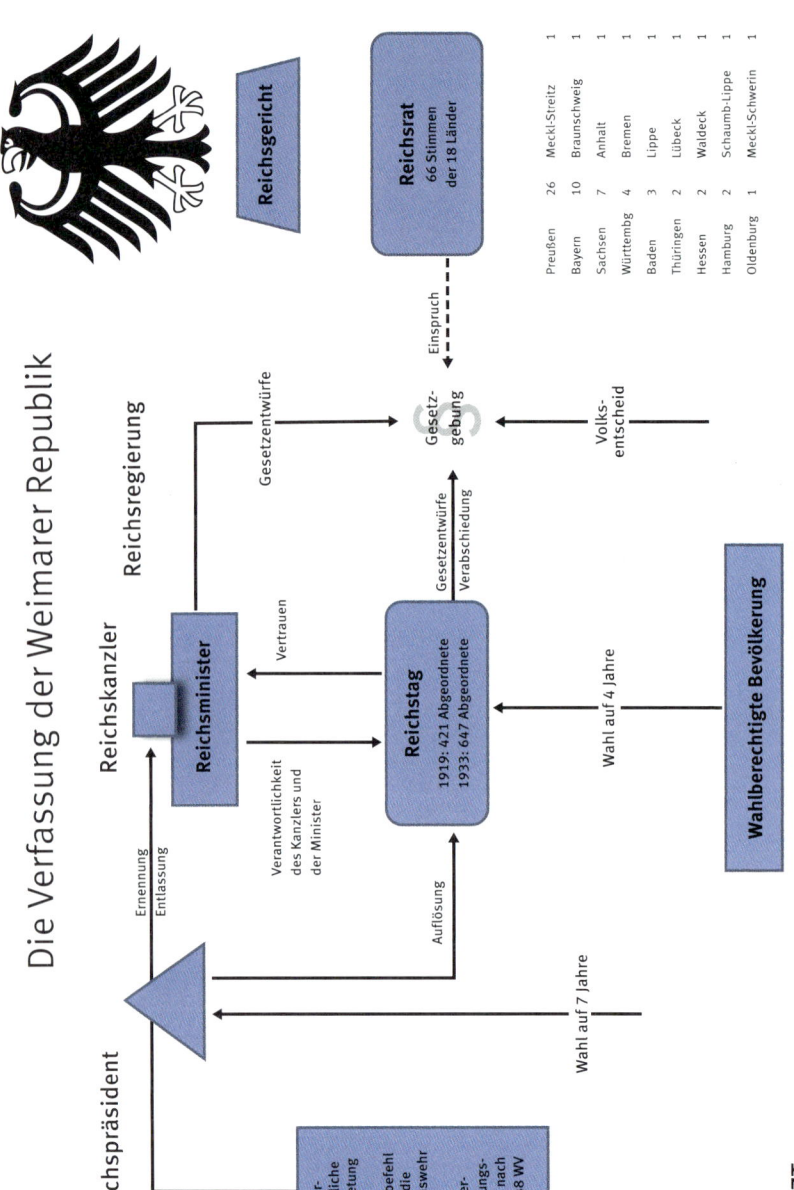

Reichsgericht

Reichsrat
66 Stimmen
der 18 Länder

Preußen	26	Meckl-Streitz	1
Bayern	10	Braunschweig	1
Sachsen	7	Anhalt	1
Württembg	4	Bremen	1
Baden	3	Lippe	1
Thüringen	2	Lübeck	1
Hessen	2	Waldeck	1
Hamburg	2	Schaumb-Lippe	1
Oldenburg	1	Meckl-Schwerin	1

Reichsregierung

Gesetzentwürfe

Einspruch

Gesetz-
gebung

Volks-
entscheid

Reichskanzler

Reichsminister

Vertrauen

Reichstag
1919: 421 Abgeordnete
1933: 647 Abgeordnete

Gesetzentwürfe
Verabschiedung

Verantwortlichkeit
des Kanzlers und
der Minister

Auflösung

Wahl auf 4 Jahre

Wahlberechtigte Bevölkerung

Ernennung
Entlassung

Reichspräsident

Wahl auf 7 Jahre

Völker-
rechtliche
Vertretung

Oberbefehl
über die
Reichswehr

Notver-
ordnungs-
recht nach
Art. 48 WV

© LZT

lich die Aufteilung Preußens, das über 60 Prozent der Fläche und Bevölkerung Deutschlands ausmachte, vorgesehen. Er hatte kleinere Länder vorgeschlagen, die den heutigen Bundesländern in ihrem territorialen Zuschnitt bemerkenswert ähnlich sehen sollten. Das scheiterte unter anderem am Widerstand Preußens, aber die unausweichliche Konsequenz hiervon war, dass Preußen im Reichsrat unterrepräsentiert werden musste – sonst hätten die Vertreter der anderen Länder gleich zuhause bleiben können. Nicht nur blieb die Stimmenzahl Preußens im Reichsrat auf 40 Prozent begrenzt, diese wurden noch dazu geteilt, so dass die preußische Regierung nur die Hälfte der Stimmen führte, die andere Hälfte aber den politisch gewählten Spitzen der Provinzen Preußens vorbehalten blieb. Im Extremfall konnte es also dazu kommen, dass Preußen mit der Hälfte seiner Stimmen für und mit der anderen Hälfte gegen ein Gesetz stimmte und sich damit vollkommen neutralisierte. Nicht ohne Grund sprach man beim Art. 61 auch von der „clausula Anti-Borussica" der Verfassung.

Neu war auch der vom Volk gewählte (und notfalls auch durch Volksabstimmung gestürzte) Reichspräsident. Auch hierum ranken sich viele Legenden, etwa die, dass Max Weber diese Position vorgeschlagen habe. Tatsächlich war es für Preuß und fast alle anderen Politiker, mit Ausnahme der USPD und einiger Sozialdemokraten, vollkommen selbstverständlich, dass es einen starken Präsidenten geben müsse. Und auch die Volkswahl schien in einer Demokratie selbstverständlich, zumal man in Frankreichs III. Republik das abschreckende Beispiel eines schwachen, vom Parlament gewählten Präsidenten vor Augen hatte.

Die zweite Legende sind die angeblich exzessiven Vollmachten des Präsidenten, insbesondere die Notverordnungen (Art. 48) und die Auflösung des Reichstags (Art. 25). Viele Länder (wie zum Beispiel Großbritannien) haben ein Parlamentsauflösungsrecht für die Exekutive; für Preuß schien es wichtig, um zum Misstrauensvotum ein Gegengewicht zu schaffen. Notstandsrechte gibt es in jedem Staat der Welt, und wie die

Amtsführung von Reichspräsident Ebert in den turbulenten frühen 1920ern zeigte, dienten sie in den Händen eines republiktreuen Präsidenten tatsächlich der Stärkung der Demokratie. In Zeiten politischer Ruhe und mit klaren Mehrheiten im Reichstag waren die Rechte des Reichspräsidenten kaum von den heutigen Rechten des Bundespräsidenten zu unterscheiden.

Auch das Volk hatte, anders als im Kaiserreich und der Bundesrepublik, über Volksentscheide (Art. 73–76) die Möglichkeit, als unmittelbares Verfassungsorgan in Erscheinung zu treten. Solche Referenden hat es auf Reichsebene zweimal gegeben, einmal von der KPD (1926 zur Enteignung der Fürsten) und einmal von der NSDAP/DNVP (1929 gegen die Annahme des Young-Plans) unterstützt; beide sind gescheitert.

Die politischen Institutionen Weimars sind also weit davon entfernt, fehlerhaft, radikal oder unausgewogen zu sein. Tatsächlich hat die heutige Fünfte Republik in Frankreich eine ganz ähnliche politische Struktur. Wer nach den Gründen der Zerstörung der ersten deutschen Demokratie sucht, wird bei der Verfassung nicht fündig werden.

Klassische Grundrechte

Der zweite Teil einer modernen Verfassung sind seit 1789 (Frankreich) und 1791 (USA) die Grundrechte. Mit den Art. 109–165 hat die Weimarer Reichsverfassung einen besonders ausgedehnten Grundrechtskatalog, der alle klassischen Grundrechte enthält, die das Kaiserreich nicht in die Verfassung von 1871 aufgenommen hatte. So findet man den Gleichheitsgrundsatz (Art. 109), die Freizügigkeit (Art. 111), Freiheit der Person (Art. 114), Schutz der Wohnung (Art. 115), Verbot rückwirkender Strafgesetze (Art. 116), Brief- und Postgeheimnis (Art. 117), Meinungs- und Religionsfreiheit (Art. 118 und 135), Versammlungsfreiheit (Art. 123), Vereinigungsfreiheit (Art. 124) und Wahlgeheimnis (Art. 125). Mit einem Wort, alle liberalen und demokratischen Grundrechte, die sich auch heute im Grundgesetz finden. Die Artikel 136–139 und 141, die die Rechte der Religionsgemeinschaften regeln, sind wortwörtlich und mit ausdrücklichem Bezug auf die

Weimarer Reichsverfassung auch heute noch Teil des Grundgesetzes – in diesem kleinen Aspekt gilt die WRV also noch heute.

Leider gilt das für eine ganze Reihe von Grundrechten, in denen die WRV über das Grundgesetz hinausgeht, nicht. Einige davon mögen überflüssig sein – etwa das grundrechtlich geschützte Recht der Beamten auf Einsicht in ihre Personalnachweise (Art. 129). Aber der umfassende Schutz von ethnischen Minderheiten (Art. 113) oder die Verpflichtung, Kinder in der Schule „im Geiste… der Völkerversöhnung" (Art. 148) zu erziehen, sind auch heute noch vorbildlich. Dies gilt auch für die sozialen Grundrechte, die in der WRV weltweit erstmalig in der Verfassung verankert wurden.

Neue Grundrechte

Nach klassischer liberaler Lehre hat der Staat die Wirtschaft in Ruhe zu lassen, und dementsprechend haben die Verfassungen des 18. und 19. Jahrhunderts keinerlei soziale Grundrechte. Anders die WRV, die gerade durch diese Bestimmungen zur modernsten Verfassung nicht nur des frühen 20. Jahrhunderts wurde. Schon Art. 151, der den Abschnitt „Das Wirtschaftsleben" einleitet, ist bemerkenswert: „Die Ordnung des Wirtschaftslebens muß den Grundsätzen der Gerechtigkeit mit dem Ziele der Gewährleistung eines menschenwürdigen Daseins für alle entsprechen. In diesen Grenzen ist die wirtschaftliche Freiheit des einzelnen zu sichern." Hieran schließen sich die Sozialbindung des Eigentums an (Art. 153), das Grundrecht auf „eine gesunde Wohnung" (Art. 155), die Möglichkeit der Gemeinwirtschaft (Art. 156), der Schutz der Arbeitskraft (Art. 157), Sozialversicherung (Art. 161) und Arbeiterräte (Art. 165) – letzteres ist der Anfang des einmaligen deutschen Systems der Mitbestimmung, das bis heute enorm zum sozialen Frieden beiträgt.

Die WRV war eine sozial verantwortliche Verfassung eines modernen Industriestaates mit ausgedehnten demokratischen und freiheitlichen Rechten. Aber eine Verfassung ist zunächst nur ein Stück Papier. Worauf es ankommt, ist die Umsetzung in der Praxis.

Thomas Theodor Heine, in: Simplicissimus, 31 (21.3.1927), 51

Parteien und Gesellschaft

Soziale Milieus

Die WRV geht von gleichberechtigten Staatsbürgern aus. Das war 1919 eher ein Appell an die Vernunft der Bürger und weniger soziale Realität. Aus dem Kaiserreich hatte Weimar eine in sich tief gespaltene Klassengesellschaft geerbt, deren einzelne Elemente sich untereinander mit Misstrauen betrachteten. Zwar spielten der Adel und die nationalen Minderheiten (dank Revolution und Gebietsabtretungen nach Versailles) nicht mehr die gleiche Rolle wie zuvor, aber zumindest muss man weiterhin zwischen protestantischem Bürgertum, Arbeiterschaft und dem katholischen Milieu unterscheiden. Die Arbeiter galten dem Kaiserreich als Reichsfeinde, und die Katholiken erinnerten sich gut an die Verfolgungen im Kulturkampf. Es kommt hinzu, dass die Inflation bis 1923 alle Geldvermögen entwertete (was vor allem bürgerliche Schichten traf) und die Weltwirtschaftskrise ab 1929 alle Klassen in Unsicherheit und teilweise in bittere Armut stürzte.

Diese Trennungen (zu denen dann im Arbeitermilieu auch noch die Trennung zwischen Sozialdemokraten und Kommunisten hinzukam) drückten sich nicht nur in der Parteienlandschaft aus, sondern auch in Parallelgesellschaften. Ein Arbeiter wäre niemals Mitglied eines bürgerlichen Gesangsvereins geworden; das schlossen schon die hohen Mitgliedsbeiträge aus. Dafür gab es Arbeitervereine, aber auch gesonderte katholische Sport- und Gesangsvereine; Bibliotheken und Arbeiterbibliotheken, sozialistische und katholische und „völkische" Gewerkschaften. Demgegenüber hatte es der Gedanke des Staatsbürgertums, den Hugo Preuß und andere propagierten und der sich auch in der Weimarer Koalition (bürgerliche

DDP, katholisches Zentrum, sozialistische SPD) ausdrückte, schwer. Das galt auch für die Parteien, die auf einmal direkte Verantwortung übernehmen mussten – ein Zwang zur Zusammenarbeit, den es so im Kaiserreich nicht gegeben hatte.

Parteien

Die vielleicht bekannteste Karikatur der ganzen Weimarer Republik erschien 1927 in der satirischen Zeitschrift „Simplicissimus". Aber es geht in diesem Bild nicht nur um die Geisteshaltung, sondern es werden konkrete Parteien symbolisch dargestellt. Der Herr im geistlichen Gewand steht offenbar für das Zentrum, gefolgt von einem Bürger, der die DDP verkörpert. Der Soldat steht vermutlich für den „Stahlhelm"; keine Partei, aber damals der einflussreichste paramilitärische rechte Verband. Es folgen ein schäbig gekleideter Proletarier (SPD), ein noch schäbigerer Proletarier (KPD), ein feister Bürger mit Zylinder (DVP, die enge Verbindungen zur Industrie hatte), ein hagerer Intellektueller (DNVP; der Bart deutet hier auf ein akademisches Milieu hin) und letztlich ein NSDAP-Parteisoldat. Eine brillante Darstellung der Parteien und der sie tragenden, weit voneinander entfernten Milieus.

Einige der Parteien waren direkt aus dem Kaiserreich übernommen (SPD, Z), andere waren Neugründung aus bestehende Parteien des Kaiserreiches (DDP, DVP, DNVP), und die extremen Parteien KPD und NSDAP waren komplette Neugründungen. Mit diesen Parteien ließ sich nur schwer arbeiten, vor allem angesichts des Misstrauens zwischen den demokratischen Parteien des Bürgertums (DDP, Z, später auch DVP) und der Arbeiter (SPD). Und in der Tat ist die Kurzlebigkeit der Regierungen ein Topos der Weimarer Republik – immerhin 20 Regierungen mit 12 Reichkanzlern von Scheidemann bis Schleicher.

Und doch muss man vorsichtiger sein. Die Reichskanzler wechseln schnell, aber nicht die Koalitionen. In den neun Kabinetten von Scheidemann bis Stresemann sind, mit Ausnahme der neun Monate unter Reichskanzler Wilhelm Cuno, die tragenden und unterstützenden Parteien immer die Parteien der Weimarer Koalition und einige kleinere Parteien, am Ende auch die DVP. Daran schließen sich in sechs Kabinetten unter Marx und Müller für 4,5 Jahre rein bürgerliche Koalitionen an, gefolgt von zwei weiteren Jahren einer großen Koalition im Kabinett Müller II. Mit dem Regierungsantritt von Heinrich Brüning beginnt 1930 die Zeit der Präsidialkabinette, und damit die bewusste Zerstörung des parlamentarischen Systems der Republik.

Mit anderen Worten: zwischen 1919 und 1930 gibt es zwar 16 Kabinette, aber eigentlich nur drei verschiedene politische Konstellationen. Diese Kontinuität bei scheinbarem Wandel wird auch deutlich, wenn man sich einzelne Ämter anschaut. So war Gustav Stresemann in sämtlichen Kabinetten zwischen 1923 und seinem Tode 1929 Reichsaußenminister, und Otto Geßler (DDP) war acht Jahre lang, von 1920–28 Reichswehrminister.

Ähnlich schnell und problemlos schien auch die Regierungsbildung zu verlaufen. Alle 20 Regierungsbildungen der Weimarer Republik dauerten zusammen 225 Tage, oder 11,2 Tage im Durchschnitt. Nimmt man drei schwierige Regierungsbildungen, bei denen es um die Beteiligung der rechten DNVP ging, aus dieser Liste heraus, dann brauchten die noch verbliebenen 17 Kabinette im Schnitt gerade 6,1 Tage für die Regierungsbildung! Zum Vergleich: nach der Bundestagswahl 2017 dauert es 171 Tage, bis eine neue Regierung die Arbeit aufnehmen konnte.

Parteien und Regierungen wiesen eine höhere Stabilität auf, als es auf den ersten Blick erscheinen mag. Das gilt nicht in gleichem Maße für die Wahlen.

Wahlen

Die Erosion der demokratischen Parteien Weimars und die Stärkung der radikalen Ränder des Parteiensystems ist eine bekannte und nicht zu leugnende Tatsache.

Und trotzdem ist auch hier Vorsicht angebracht. Bei den Reichstagswahlen 1928 erzielen die demokratischen Parteien zusammen (also alle außer KPD, DNVP und NSDAP) noch solide 70 Prozent der Stimmen, und 1930 trotz der erheblichen Erfolge der NSDAP immer noch über 60 Prozent. 1932 ist die NSDAP stärkste Partei Deutschlands – aber bei den Wahlen im November 1932 verliert sie zwei Millionen Stimmen, kommt nur noch auf 33.1 Prozent. Zudem ist die Partei nach mehreren kostspieligen Wahlkämpfen 1932 hoch verschuldet. Rechnet man noch den offenen Aufstand des „linken" Parteiflügels gegen Hitler hinzu, ist es kein Wunder, dass die meisten politischen Beobachter im Dezember und Januar 1932/33 damit rechnen, dass die Bedrohung der Republik durch Hitler ihren Höhepunkt überschritten hat! Es ist eine Legende, dass Hitler demokratisch durch Wahlen an die Macht gekommen wäre. Selbst im März 1933, als die letzte Wahl mit mehreren Parteien schon unter den diktatorischen Bedingungen eines Polizeistaats durchgeführt wurde, erzielte die NSDAP nur 43.9 Prozent – ein Ergebnis, das sowohl die SPD wie auch (mehrmals) die CDU/CSU in freiheitlichen Wahlen nach 1949 übertroffen haben.

Das Wahlsystem der Weimarer Republik war ein reines Verhältniswahlrecht ohne Sperrklausel und ohne Direktmandate. Die Parteien stellten in 35 Wahlkreisen Listen auf und bekamen für je 60.000 Stimmen ein Mandat im Reichstag – es gab also ein Interesse aller Parteien, die Wahlbeteiligung möglichst auf hohem Niveau zu halten. Reststimmen wurden in Wahlkreisverbänden und dann über eine Reichsliste verrechnet. Dieses Wahlsystem ist später heftig kritisiert worden, weil es zur Zersplitterung des Parteiensystems führe. Dem lässt sich entgegenhalten, dass es zu Weimarer Zeiten nie mehr als 7-8 relevante Parteien im Parlament gab, und diese Zahl haben wir heute auch in der Bundesrepublik wieder erreicht. Im Kaiserreich, mit einem Mehrheitswahlrecht, gab es bis zu 15 Parteien im Reichstag. Zudem gab es in Weimar nicht das Problem der „Überhangmandate", die inzwischen unseren Bundestag aufblähen. Kurz, auch hier gilt: das Weimarer Wahlrecht war längst nicht so problematisch wie sein späterer schlechter Ruf es haben wollte.

Übrigens kann man zu keinem Zeitpunkt davon sprechen, dass die Bevölkerung ihr Interesse an Politik verloren hätte. Die Reichstagswahlen 1919–1932 II hatten eine durchschnittliche Wahlbeteiligung von 80.06 Prozent. Bei der Reichspräsidentenwahl 1932 gingen 86.2 Prozent im ersten Wahlgang und 83.5 Prozent im zweiten zur Wahl. Zum Vergleich: die Bundestagswahlen im vereinten Deutschland 1990–2017 kamen auf 76.7 Prozent Beteiligung.

Gleichwohl: die Entwicklung der Wahlergebnisse zeigt zweifellos eine Demokratie im Stresstest. Es war nicht die einzige Herausforderung, der Weimar sich stellen musste.

Bundesarchiv, Plak 002-025-002, Reinhold Gruszka

Plakat zur Reichstagswahl, ohne Jahr.

Reichstagswahl am 14. September 1930. Ein Agitationslokal der National-sozialistischen Deutschen-Arbeiterpartei in der Lützow-Straße in Berlin.

KPD-Wahlwerbung zur Reichspräsidentenwahl 1925.

Herausforderungen der Demokratie

Antidemokratische Eliten

Das zentrale Problem der Weimarer Republik waren nicht die Verfassung und die politische Ordnung, nicht die Belastungen von außen, nicht das Volk. Das Problem lag in den Eliten. Von Anfang an stand ein erheblicher Teil der politischen, administrativen, richterlichen, militärischen, wirtschaftlichen, akademischen und intellektuellen Eliten der Republik skeptisch gegenüber. Zum Teil waren es die alten Eliten des Kaiserreiches, die sich mit der neuen Demokratie nicht abfinden konnten. Zum Teil waren es aber auch moderne Eliten, die in Faschismus (oder, in geringerem Maße, Bolschewismus) moderne Ideologien der industriellen Massengesellschaft sahen, während sie Liberalismus und Demokratie für verstaubte Ideen des vergangen Jahrhunderts hielten. Autoren wie Oswald Spengler („Der Untergang des Abendlandes", 1918), Othmar Spann („Der wahre Staat", 1920) und Arthur Moeller van den Bruck („Das dritte Reich", 1923) trugen zu diesem Kulturpessimismus entscheidend bei.

Kaum einer dieser Intellektuellen (oder Wirtschaftsführer, oder hohen Militärs...) wollte einen Hitler. Von Spengler ist der Satz bekannt, dass man Helden brauche und keinen Heldentenor, was auf Hitler gemünzt war. 1933 lehnte Spengler mit Verachtung das Angebot ab, dem neuen Staat zu dienen. Aber die gleiche Verachtung brachten er und seine Gesinnungsgenossen auch der Republik entgegen. Und das war nicht auf Rechtsintellektuelle begrenzt. Linke Autoren wie Bert Brecht oder Kurt Tucholsky überschütteten die Republik und ihre Repräsentanten, in erster Linie Reichspräsident Ebert, ebenso mit Hohn wie es die rechten Feinde der Demokratie taten.

Ein besonderes Problem waren die Universitäten, an denen ja die Elite von morgen ausgebildet wurde. Demokratische Hochschullehrer gab es zwar, aber sie waren in der Unterzahl. Und die künftige Elite, die Studenten (die praktisch alle aus dem Bürgertum stammten) waren in ihrer Ablehnung der Republik eher noch skeptischer als ihre Professoren. Es kann nicht verwundern, dass die verbale Ablehnung der Republik auch in Taten umschlug.

Aufstände und Putschversuche

Von Anfang an sah sich die Republik gewaltbereiten Feinden gegenüber, die ihren Worten auch Taten folgen ließen. Aufstände und Putschversuche wie die „Weihnachtskämpfe" 1918 (links), der Spartakus-Aufstand 1919 (KPD), der Kapp-Lüttwitz-Putsch 1920 (rechts), der Hitler-Putsch 1923 (NSDAP) und der Deutsche Oktober 1923 (KPD) sind nur einige der bekanntesten von den mehr als einem Dutzend bewaffneter Versuche, die Republik zu stürzen. Die politische Gewalt war von Anfang an ein Begleiter der Republik, und schon 1922 zählte Emil Julius Gumbel („Vier Jahre politischer Mord") 354 Morde mit rechtem politischen Hintergrund und 22 Morde von links. Auch prominente Politiker wie Hugo Haase (USPD-Vorsitzender, 1919), der Ministerpräsident Bayerns Kurt Eisner (USPD, 1919), Ex-Finanzminister Matthias Erzberger (Z, 1920) und Reichsaußenminister Walther Rathenau (DDP, 1922) fielen rechten Mördern zum Opfer. Die junge Republik überstand alle diese Gewalttaten, zum Teil, indem sie selbst erhebliche Gewalt dagegen setzte. Nur am Rande sei vermerkt, dass die „wehrhafte Demokratie" der Bundesrepublik keine einzige Krise von auch nur annähernd ähnlicher Größenordnung bewältigen musste. In Weimar sahen sich die Kräfte von Staat und Republik fast täglich herausgefordert. Dass sie dem gewachsen waren, hing auch mit den demokratischen Politikern zusammen.

Bewährung der Demokratie

Die Rolle von Reichspräsident Ebert

Es ist kaum möglich, die Rolle zu überschätzen, die Friedrich Ebert bei der Stabilisierung der Republik gespielt hat. Als Reichspräsident nutzte er die Möglichkeiten, die ihm Art. 48 gab, zum energischen Schutz der Republik und der Demokratie. Seine Bereitschaft, dafür auch mit dem Militär des Kaiserreiches zusammenzuarbeiten (und zwar schon 1918), ist vielfach kritisiert worden – ohne allerdings eine gangbare Alternative aufzuzeigen, zumal 1918/19 das russische Beispiel sehr deutlich zeigte, welchen Weg eine Revolution auch gehen konnte.

Nach der Ermordung Rathenaus schufen Ebert, Reichskanzler Joseph Wirth (Z) und Reichsjustizminister Gustav Radbruch (SPD) mit dem „Republikschutzgesetz" ein scharfes Schwert, das vor allem gegen die rechten Feinde eingesetzt wurde – Parteienverbote, Verbote volksverhetzender Publikationen und die strafrechtliche Verfolgung der Feinde der Republik wurden einfacher, und sie wurden auch genutzt.

Das Krisenjahr 1923, mit galoppierender Inflation, dem Ruhrkampf gegen die Besatzungsmächte, verschiedenen gewaltsamen Angriffen von innen, schwierigen Verhandlungen zur Reparationsfrage nach außen – es wäre ohne Eberts sichere Hand kaum überstanden worden.

Ebert starb am 28. Februar 1925 mit nur 54 Jahren. Anfang 1933 wäre er erst 61 Jahre alt gewesen und hätte gut noch im Amt sein können. Mit Sicherheit hätte er keinen Hitler zum Reichskanzler gemacht, aber ebenso sicher hätte er zuvor auch keinen Brüning, Papen oder Schleicher ernannt. So wie die Geschichte tatsächlich verlief, konnte er die Republik gerade noch aus den ersten Krisenjahren retten und seinem Nachfolger 1925 ein beruhigtes und gesichertes demokratisches Land übergeben.

Die ruhigen 1920er

Die Beschäftigung mit der Weimarer Republik konzentriert sich in der Regel auf die Krisenjahre am Anfang (bis 1923) und die erneute Krise nach Beginn der Weltwirtschaftskrise 1930. Den Jahren dazwischen wird weniger Aufmerksamkeit geschenkt. Dabei sind aber gerade diese Jahre der relativen Ruhe von 1924–1930 die Epoche, in der man sehen kann, wie die Weimarer Republik und ihre Verfassung „normal" funktionierten, also ohne die Überhitzung der Krise. Es sind die Jahre einer gefestigten Demokratie, wie sogar die Gegner konstatieren müssen. Carl Schmitt, ein heftiger Kritiker des liberal-demokratischen Parlamentarismus und später schamloser Apologet des NS-„Rechtes", kommt in seiner „Verfassungslehre" von 1928 zu dem Schluss, dass die Grundentscheidungen der WRV nicht mehr umkehrbar seien. Auch wenn Art. 76 scheinbar unbegrenzte Verfassungsänderungen erlaube, könne man die Entscheidung zu Republik und Demokratie nicht rückgängig machen.

Das ist jedenfalls auch die Auffassung der meisten Bürger, und es ist kein Zufall, dass selbst die demokratiefeindliche DNVP in dieser Zeit zweimal an Koalitionsregierungen beteiligt ist – das hat nicht lange Bestand, aber es zeigt doch, dass viele Rechtsradikale die Hoffnung auf den Sturz der Demokratie aufgegeben haben.

Vielleicht hilft es für diese Akzeptanz auch, dass seit 1925 mit dem ehemaligen Generalfeldmarschall Paul von Hindenburg eine Ikone des Kaiserreiches als Präsident der Republik fungiert. Hindenburg ist wahrlich kein Demokrat oder Republikaner, aber gerade deshalb zeigt die lange weitgehend reibungslose Zusammenarbeit mit dem Reichstag, wie das parlamentarische System funktionieren konnte. In diesen Jahren gab es eindeutige Mehrheiten im Parlament; bis zur Reichstagswahl 1928 eine bürgerliche Koalition, danach eine große Koalition mit der SPD. Hindenburg hatte bei diesen Regierungsbildungen und auch sonst in der Reichspolitik kaum mehr praktischen Anteil als heute der Bundespräsident. Der im Dezember 1924 gewählte Reichstag war bis 1928 im Amt, also fast für die volle Legislaturperiode.

Die aufregenden 1920er

Die 1920er sind neben allen politischen Problemen zugleich eine Zeit enormer wissenschaftlicher und künstlerischer Kreativität. In den Jahren der Weimarer Republik gibt es 19 deutsche Nobelpreisträger. Der expressionistische deutsche Stummfilm erringt Weltgeltung; das Bauhaus beeinflusst mit seiner Design-Revolution unser Leben bis heute. Schriftsteller wie Thomas und Heinrich Mann, Gerhart Hauptmann, Bert Brecht, Alfred Döblin, Hans Fallada, Lion Feuchtwanger, Oskar Maria Graf, Hermann Hesse, Erich Kästner, Erich Maria Remarque, Anna Seghers, Stefan Zweig und viele andere sorgen für ein literarisches Leben, das seinesgleichen sucht. In der Kunst blühen abstrakte Malerei (Josef Albers, Wassily Kandinsky, Paul Klee) wie auch Neue Sachlichkeit (Max Beckmann, Otto Dix, George Grosz, Georg Scholz), in der Musik wetteiferten atonale Musik (Arnold Schönberg, Alban Berg, Anton Webern) und andere Musikrichtungen (Walter Braunfels, Paul Hindemith, Ernst Krenek, Franz Schreker) um die Publikumsgunst. Neben der Hochkultur schreibt auch die populäre Kultur eine ähnliche Erfolgsgeschichte; Berlin und andere Städte boten Schlager und Revuen, Operetten und Musicals, Jazz und Swing.

Dieser kulturelle Aufschwung ist nicht unabhängig von der Politik oder gar gegen sie erfolgt. Vielmehr wurde er erst dadurch ermöglicht, dass die Weimarer Republik und die Länder, in erster Linie Preußen, eine aktive Kunstförderung betrieben. Art. 142 der WRV gewährt nicht nur die Freiheit der Künste, sondern bestimmt auch: „Der Staat gewährt ihnen Schutz und nimmt an ihrer Pflege teil" – und das heißt auch finanzielles Engagement. Die Preußische Akademie der Künste berief die bedeutendsten Künstler als Mitglieder, gefördert vom langjährigen Kultusminister Carl Heinrich Becker (DDP-nah). Ein „Reichskunstwart" war zuständig für die „künstlerische Formgebung des Reiches" – Edwin Redslob wurde 1919 in diese Position berufen und im Februar 1933 von den Nationalsozialisten gefeuert. Seit 1928 gibt es „Kunst am Bau", wonach seither und bis heute öffentliche Bauvorhaben auch ca. 1 Prozent der Baukosten für Kunst verwenden sollen.

Kultur und Wissenschaft der Weimarer Republik waren weltweit anerkannt. Die junge Demokratie, die dies alles ermöglichte, musste ihr Ansehen mühsam erarbeiten.

Bundesarchiv, Bild 183-H27802

Die Gründung der Sektion für Dichtkunst 1926 in der Preußischen Akademie der Künste in Berlin. Am hinteren Beratungstisch von links Thomas Mann, Hermann Stehr, Minister Prof. Dr. Carl Heinrich Becker und Prof. Max Liebermann, 1926.

Weimar und die Welt

Versailles, Rapallo, Locarno

Versailles ist der Ausgangspunkt und Tiefpunkt der internationalen Beziehungen für die Weimarer Republik. Die Gebietsabtretungen, die wirtschaftlichen Einbußen, das Verbot, eine nennenswerte Armee zu behalten, der Ausschluss vom Völkerbund und v. a. die enormen Reparationsforderungen in unbestimmter Höhe waren schwere Belastungen. In der Folge treten sechs Reichsregierungen aus Gründen zurück, die in der Außenpolitik und damit im Versailler Vertrag und dessen Folgen liegen.

Demgegenüber war die Kriegsschuldfrage von untergeordneter Bedeutung. Der berühmt-berüchtigte Art. 231 gab Deutschland die Alleinschuld am Weltkrieg, aber er kam aus der Reparationskommission, nicht aus der Kommission der Entente, die die Schuld- und Strafbestimmungen entwarf. Erst die Reaktion des deutschen Außenministers Graf Brockdorff-Rantzau, der entgegen direkter Anweisung der Reichsregierung diese Nebenfrage in das Zentrum rückte, gab der Kriegsschuldfrage ihre dominierende politische Bedeutung. Im Auswärtigen Amt war und blieb man überzeugt, nachweisen zu können, dass Deutschland keine Alleinschuld am Krieg trage und dass man so den Versailler Vertrag kippen oder zumindest nachverhandeln könne. Man verwechselte hier historisch-juristische Beweisführung mit Politik, die anderen Gesetzen gehorcht.

Entsprechend unerfreulich blieb die internationale Lage der Weimarer Republik. Als Sackgasse stellte sich auch die Rapallo-Politik heraus, also das 1922 getroffene Abkommen mit der Sowjetunion. Anders als in Berlin kalkuliert, ließen sich die Siegermächte weder erschrecken noch erpressen, und die Besetzung des Ruhrgebietes ließ nicht lange auf sich warten. Erst die Verständigung mit dem Westen, die 1925 im Locarno-Vertrag und dem Beitritt Deutschlands zum Völkerbund mündete, brachte eine spürbare Entspannung. Gustav Stresemann und sein französischer Amtskollege Aristide Briand wurden 1926 mit dem Friedensnobelpreis ausgezeichnet, ebenso wie 1927 der pazifistische Theoretiker und DDP-Politiker Ludwig Quidde (erneut zusammen mit einem französischen Pazifisten, Ferdinand Buisson). Deutschland erkannte in Locarno die Westgrenze als rechtmäßig an – ein „Ost-Locarno", eine Anerkennung der Grenze nach Polen, hat es nie gegeben.

Mit Locarno beruhigte sich auch die Reparationsfrage. Schon 1924 hatte der amerikanische Vizepräsident Charles Dawes einen Reparationsplan vorgelegt, der 1929 von dem Plan des amerikanischen Diplomaten Owen D. Young abgelöst und – nach einem vergeblichen Volksbegehren von NSDAP und DNVP dagegen – von Deutschland akzeptiert wurde. 1932 beendete die Konferenz von Lausanne alle Zahlungen und der Kriegsschuldartikel 231 wurde gestrichen.

Vorbild Weimar

Trotz der schwierigen außenpolitischen Lage der Weimarer Republik wirkte sie gleichzeitig jedoch als kultureller und sogar politischer Magnet. Ausländische Künstler wie W. H. Auden, Lionel Feininger, Christopher Isherwood, Wassily Kandinsky, Wladimir Nabokow und andere strömten nach Deutschland, vor allem nach Berlin.

Und die Weimarer Verfassung, die von rechten und linken Feinden in Deutschland diffamiert wurde, fand im Ausland weit mehr Anerkennung. Wo immer in den 1920er/30er Jahren über demokratische Verfassungsreformen nachgedacht wird, sind die Bestimmungen der WRV mit im Gespräch. Vor allem in der iberischen Welt gaben sich zahlreiche Staaten neue Verfassungen (etwa Chile 1925, Spanien 1931, Brasilien 1934, Kuba 1940, Venezuela 1947) und orientierten sich dabei direkt an Weimar – selbst noch nach der Zerstörung der Weimarer Republik.

Damit wären wir an der Königsfrage angekommen. Wenn die Weimarer Verfassung so gut war, dass sie sogar über die Landesgrenzen hinaus positiv wirkte – warum mündete die erste deutsche Demokratie dann in der Diktatur?

Bundesarchiv, Plak 002-029-031, Hans Schweitzer

Bundesarchiv, Plak 002-014-011

Die „siegreiche Reichswehr" sei durch die Revolution und damit durch die Republik „erdolcht" und zur Kapitulation gezwungen worden. Hier wehrt sich die SPD mit ihrem Kandidaten Otto Braun gegen dieses Klischee. Auf dem Schild sind die Farben des Kaiserreichs zu sehen. Farben, die monarchistische und rechtskonservative Gruppen in der Weimarer Republik gern zeigten. Plakat zur Reichspräsidentenwahl 1925.

Dolchstoß gegen die Republik?

Neue Herausforderungen: Weltwirtschaftskrise und Demokratie

Die Herausforderungen, die Republik und Demokratie von Anfang an begleiteten, sind bereits erwähnt worden. Die Verfassung bereitete den Weg für einen großzügigen Sozialstaat, aber das dafür erforderlich Geld musste auch erwirtschaftet werden. Und das war seit der Weltwirtschaftskrise ab Oktober 1929 zunehmend schwierig. Die in den Himmel schießenden Arbeitslosenzahlen (1928: ca. 1.5 Mill., 1929: 2 Mill., 1930: 3 Mill., 1931: 4.5 Mill., 1932: 5.5 Mill.) überforderten die erst kurz zuvor, nämlich 1927 eingeführte staatliche Arbeitslosenversicherung bei weitem. Und Arbeitslosigkeit um 1930 bedeutete bittere Armut, die bis zum Verhungern reicht. Filme wie „Mutter Krausens Fahrt ins Glück" (1929) und „Kuhle Wampe oder: Wem gehört die Welt?" (1932) sind zwar kommunistische Agitationsfilme, aber das Elend schildern sie trotzdem weitgehend zutreffend, ähnlich wie die Romane von Kästner („Fabian", 1931) und Fallada („Kleiner Mann – was nun?", 1932).

Man muss auch konstatieren, dass die europäischen Staaten, die sich erst nach 1918 zu Demokratien wandelten, sämtlich den Herausforderungen der Zeit unterlagen und diktatorische Strukturen annahmen – 1938 war nur noch die Tschechoslowakei übrig geblieben, deren Demokratie von außen, von Deutschland zerstört wurde. Umgekehrt haben alle Staaten, die schon vor 1914 demokratisch regiert wurden, ihre Freiheit trotz Weltwirtschaftskrise bewahren können.

Aber die deutsche Entwicklung kann nicht nur mit dem Blick auf Europa erklärt werden. Im Gegenteil; es wurde bereits darauf verwiesen, dass die weitaus meisten politischen

Beobachter Anfang 1933 davon ausgingen, dass die Bedrohung der Republik durch Hitler ihren Höhepunkt überschritten hatte. Vier Wochen später war er Reichskanzler.

Hindenburg gegen die Demokratie

Es ist irreführend, vom „Untergang" der Weimarer Republik zu sprechen, als handele es sich dabei um ein Naturereignis. In Wirklichkeit war es eine Zerstörung der Republik, an der die rechten Eliten primär die Schuld trugen. Und das schließt den ersten Diener der Republik, den Reichspräsidenten von Hindenburg, mit ein. Hindenburg ist nie ein Demokrat gewesen; das war bei seiner Herkunft als ostelbischer Junker und kaiserlicher Offizier auch kaum zu erwarten. Die knappe Wahl Hindenburgs 1925 war mit Unterstützung von DNVP, DVP (der Partei Stresemanns…), des bayerischen Zentrumsablegers BVP und einiger kleinerer Parteien (darunter die NSDAP) erfolgt. Hindenburg erhielt 46.3 Prozent der Stimmen, der ehemalige und zukünftige Reichskanzler Wilhelm Marx, der Kandidat der demokratischen Parteien Zentrum, SPD und DDP kam auf 45.3 Prozent. Ernst Thälmann, der KPD-Kandidat, verhinderte mit seinen 6.4 Prozent den Sieg des Demokraten im Rennen.

Die ersten Jahre der Präsidentschaft Hindenburgs waren von mehr oder weniger loyaler Zusammenarbeit mit Reichsregierung und Reichstag gekennzeichnet. Abgesehen von eher symbolischen Auseinandersetzungen (so bevorzugte Hindenburg das kaiserliche Schwarz-Weiß-Rot gegenüber dem republikanischen Schwarz-Rot-Gold) mischte sich der Präsident weder in die Innen- noch in die Außenpolitik ein. Die Versöhnungspolitik von Locarno konnte also fortgesetzt werden, ebenso der Ausbau des Sozialstaates nach innen. Angesichts der klaren Mehrheitsverhältnisse im Reichstag wäre eine aktivere Rolle des Präsidenten auch kaum möglich gewesen. Das änderte sich erst, als die große Koalition unter Reichskanzler Hermann Müller (SPD) 1930 scheiterte.

Hindenburg war in den Jahren nach seinem Amtsantritt nicht zum Demokraten mutiert. Seine autoritären Instinkte, die von seinen engsten Beratern weiter gefördert wurden, konnte er in dieser prekären politischen Situation jetzt endlich umsetzen. Die Ernennung von Heinrich Brüning, seit 1929 Fraktionsvorsitzender des Zentrums und ohne jede Regierungserfahrung, erfolgte bewusst gegen die bisherigen Kräfteverhältnisse im Reichstag.

Ein Staatsstreich auf Raten...

In einem parlamentarischen System wird die Regierung aus dem Parlament heraus gebildet, nach Verhandlungen der Parteien untereinander. Brüning wurde ganze drei Tage nach dem Rücktritt von Müller ernannt, ohne Reichstagsmehrheit und basierend auf dem Vertrauen des Reichspräsidenten. Ein solches Vorgehen kann nicht demokratisch genannt werden; tatsächlich ist es ein Anschlag auf die Demokratie. Die Zerstörung der Weimarer Republik nimmt hier ihren Ausgang. Die Nachfolger Brünings, die Reichskanzler Franz von Papen und Kurt von Schleicher, führten sie fort, und die Ernennung Hitlers beendete die Phase des Übergangs von der Demokratie zur Diktatur.

Man kann von einem Staatsstreich auf Raten in vier Schritten sprechen:

Tabelle 2: Phasen des Staatsstreichs

#	Datum	Ereignis	Zerstörung von
1	30.5. 1930	Ernennung Brünings	Parlamentarismus
2	14.6. 1932	Aufhebung des SA/SS-Verbots	Innere Sicherheit
3	20.7. 1932	„Preußenschlag"	Föderalismus
4	30.1. 1933	Ernennung Hitlers	Verfassungsstaat

Quelle: M. Dreyer, Weimar als wehrhafte Demokratie (2009), 185.

Jeder dieser Schritte ist eine bewusste politische Handlung gewesen, die nicht nötig war, sondern die von politischen Zielen und Absichten gelenkt war. Natürlich wollten die Kräfte um Papen, der ein enger Vertrauter Hindenburgs war, keinen Weltkrieg und keine völkermordende totalitäre Diktatur. Aber sie haben Hitler billigend in Kauf genommen, um mit ihm ihr Hauptziel, die Zerstörung der Republik, zu erreichen. Damit waren sie erfolgreich; der zweite Teil des Planes, Hitler zu „zähmen", ihn für die eigenen Zwecke zu instrumentalisieren, gelang weit weniger gut.

Bundesarchiv, Bild 183-H28422

Das erste Kabinett unter Adolf Hitler.
Sitzend von links: Hermann Göring, Reichskommissar für Luftfahrt und Preußischer Innenminister, Reichskanzler Adolf Hitler, Vizekanzler Franz von Papen.

Weimar: die Republik als Erinnerungsort

Bonn ist nicht Weimar / ist doch Weimar

„Der Rest ist Schweigen" – nicht nur der letzte Satz in „Hamlet", sondern es trifft fast auch auf die Weimarer Republik zu. Man kann es beinahe noch verstehen, dass Öffentlichkeit und Politik, Wissenschaft und Journalismus nach 1945 primär an der Frage interessiert waren, wie Hitler und das NS-Regime möglich waren – und damit auch an den vermeintlichen Fehlern und Versäumnissen der Weimarer Republik.

Wichtiger aber war noch die Frage, wie man diese „Fehler" vermeiden und die zweite deutsche Demokratie besser einrichten könne. 1956 beruhigte der Schweizer Journalist Fritz René Allemann die politischen Eliten der damals noch jungen Bundesrepublik, als er ein Buch mit dem brillant ausgewählten Titel „Bonn ist nicht Weimar" schrieb. Dieses Mantra hat sich über Jahrzehnte gehalten. Die Weimarer Republik ist kein Erinnerungsort der deutschen Geschichte geworden, oder allenfalls ein negativer. In der Bundesrepublik wurde der „Untergang" der Weimarer Republik auf die Institutionen zurückgeführt (Karl Dietrich Bracher, Werner Kaltefleiter) auf die Personen (Karl Dietrich Erdmann) oder auf die Fehler während der Revolution (Eberhard Kolb, Peter von Oertzen). Noch einfacher hatte es die DDR-Geschichtswissenschaft, die generell den Kapitalismus verantwortlich machte (Wolfgang Ruge). Am besten wird diese Haltung in einem Buchtitel des marxistischen Marburger Politikwissenschaftlers Reinhard Kühnl zum Ausdruck gebracht, der in den „Formen bürgerlicher Herrschaft. Liberalismus – Faschismus" (1971) keinen großen Unterschied sah.

Diese Absetzungsbewegungen von Weimar haben lange den Blick verstellt für die Chancen und Möglichkeiten der ersten deutschen Demokratie. Sie sind auch bei weitem überzogen. Das Grundgesetz, angeblich die Verkörperung der richtigen Verfassung, die die Weimarer Fehler vermeidet, basiert in Wirklichkeit weitgehend auf der Weimarer Verfassung, die zum Teil beinahe wörtlich übernommen wurde (etwa in den Artikeln über Kanzler und Regierung, wenn es um Richtlinienkompetenz, Ressortprinzip und Kabinettsprinzip geht – Art. 65 GG und Art. 56 WRV). Der Föderalismus, das Wahlsystem, die Verwaltungsordnung wurden weitgehend übernommen, ebenso die Grundrechte – wenn auch in einer deutlich reduzierten Version. Wo wirklich Veränderungen vorgenommen wurden (Konstruktives Misstrauensvotum, keine Referenden, einiges in der Stellung des Bundespräsidenten) steht die Feuerprobe noch weitgehend aus. So gut die Idee des „konstruktiven Misstrauensvotums" (Art. 67 GG) auch ist: wenn Nachfolger von NSDAP und KPD die Mehrheit im Bundestag hätten, könnten sie sich zwar kaum auf einen Kanzler verständigen. Gesetzgebung wäre bei einer solchen Mehrheit aber auch nicht mehr möglich.

Im Abstand von 100 Jahren…

Inzwischen hat sich vieles von dem verändert, was am Anfang der Bundesrepublik das Bild Weimars bestimmt hatte. In der Wissenschaft ist es kaum noch umstritten, dass die erste deutsche Demokratie eine dynamische und lebensfähige Republik erschuf, die unter extrem schwierigen Rahmenbedingungen bemerkenswert gut funktioniert hat und die am Ende bewusst von ihren Feinden zerstört wurde. Die gelegentlich gestellte Frage nach den „Weimarer Verhältnissen" (wobei man in der Regel das Jahr 1932 mit Straßenkämpfen, Weltwirtschaftskrise und extremen Parteien vor Augen hat) kann verneint werden. Es gibt keine Weimarer Verhältnisse in der Bundesrepublik; es gibt keine in Milieus gespaltene Gesellschaft, kein internationale Politik mit Deutschland als Pariah und vor allem keine Eliten, die auf die Zerstörung der Demokratie hinarbeiten. Allerdings zeigen einige Entwicklungen der letzten Jahre aber auch, dass demokratische Strukturen nicht unantastbar sind.

Wenn Weimar uns heute eine Lehre gibt, dann die, dass Demokratien nicht gleichsam auf Bäumen wachsen und in der Natur vorkommen. Immanuel Kant hatte angesichts der Kriege nach der Französischen Revolution darauf hingewiesen, dass der Frieden „kein Naturzustand" ist. Seine Folgerung: der Frieden „muß also gestiftet werden" („Zum ewigen Frieden", 1795). Exakt das gleiche lässt sich auch für die Demokratie sagen. Und die Weimarer Republik zeigt beides; nämlich wie eine Republik gestiftet und wie sie zerstört werden kann.

Tristan Vostry

2019 eröffnet am Theaterplatz in Weimar das „Haus der Weimarer Republik. Forum für Demokratie" und gibt der ersten deutschen Demokratie einen festen Erinnerungsort.
Hier ein Modell des Nationaltheaters. Die Erinnerung an die Nationalversammlung und die Weimarer Verfassung ist in der Stadt lebendig. Das Stadtmuseum zeigt die Ausstellung „Demokratie aus Weimar. Die Nationalversammlung 1919".

Plakat zur Reichspräsidentenwahl 1932.

Literatur

Büttner, Ursula, Weimar. Die überforderte Republik 1918–1933. Leistung und Versagen in Staat, Gesellschaft, Wirtschaft und Kultur, Stuttgart 2008

Braune, Andreas/Dreyer, Michael (Hrsg.): Zusammenbruch, Aufbruch, Abbruch? Die Novemberrevolution als Ereignis und Erinnerungsort, Stuttgart 2018

Conze, Eckart, Die große Illusion: Versailles 1919 und die Neuordnung der Welt, München 2018

Dicke, Klaus und Michael Dreyer (Hrsg.), Weimar als politische Kulturstadt. Ein historisch-politischer Stadtführer, Berlin 2006

Dreyer, Michael, Hugo Preuß. Biografie eines Demokraten, Stuttgart 2018.

Gay, Peter, Die Republik der Außenseiter. Geist und Kultur in der Weimarer Zeit. 1918–1933, Frankfurt a. M. 2004

Groh, Katrin, Demokratische Staatsrechtslehrer in der Weimarer Republik. Von der konstitutionellen Staatslehre ur Theorie des modernen demokratischen Verfassungsstaats, Tübingen 2010

Gusy, Christoph, 100 Jahre Weimarer Verfassung: Eine gute Verfassung in schlechter Zeit, Tübingen 2018

Kiesel, Helmuth, Geschichte der deutschsprachigen Literatur 1918 bis 1933, München 2017

Kolb, Eberhard und Walter Mühlhausen (Hrsg.), Demokratie in der Krise. Parteien im Verfassungssystem der Weimarer Republik, München 1997

Kolb, Eberhard und Dirk Schumann, Die Weimarer Republik, 8. Aufl., München 2013

Lehnert, Detlef, Die Weimarer Republik, 2. Aufl., Stuttgart 2009

Mühlhausen, Walter, Friedrich Ebert. Sozialdemokrat und Staatsmann, Leinfelden-Echterdingen 2008

Niess, Wolfgang, Die Revolution von 1918/19: Der wahre Beginn unserer Demokratie, Berlin u. a. 2017

Preuß, Hugo, Das Verfassungswerk von Weimar. Gesammelte Schriften, 5. Bd., hrsg. von Detlef Lehnert, Christoph Müller und Dian Schefold, Tübingen 2015

Pyta, Wolfram, Hindenburg. Herrschaft zwischen Hohenzollern und Hitler, München 2007.

Rößner, Alf (Hrsg.), Demokratie aus Weimar. Die Nationalversammlung 1919, Weimar 2015

Schultheiß, Michael (Hrsg.), Die Weimarer Verfassung. Wert und Wirkung für die Demokratie, Erfurt 2009

Ulbricht, Justus H. (Hrsg.), Weimar 1919. Chancen einer Republik, Köln, Weimar, Wien 2009

Welzbacher, Christian (Hrsg.), Der Reichskunstwart: Kulturpolitik und Staatsinszenierung in der Weimarer Republik 1918–1933, Weimar 2010

Winkler, Heinrich August, Weimar 1918–1933. Die Geschichte der ersten deutschen Demokratie, München 1998

Wirsching, Andreas, Die Weimarer Republik. Politik und Gesellschaft, München 2010